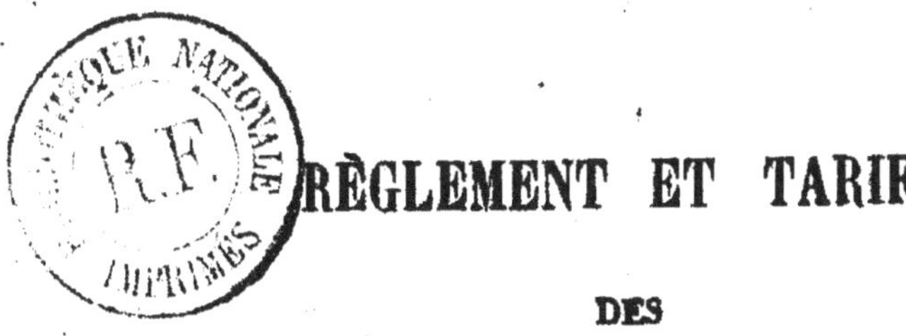

RÈGLEMENT ET TARIF

DES

GUIDES DE CHAMONIX

LIVRET APPARTENANT

à M...

....

âgé de..

entré dans la Compagnie des Guides de Chamonix, le...18........

Le Guide-Chef,

RÈGLEMENT ET TARIF

DE LA

COMPAGNIE DES GUIDES

DE CHAMONIX

(HAUTE-SAVOIE)

ANNECY

IMPRIMERIE DE J. DÉPOLLIER ET Cie

1879

RÈGLEMENT

Art. 1er. — Il est institué dans la commune de Chamonix une Compagnie de Guides destinés à diriger les voyageurs et les touristes sur le Mont-Blanc, dans la vallée et dans les régions circonvoisines.

Art. 2. — Les habitants de Chamonix ayant leur domicile dans cette commune, et citoyens français, peuvent seuls faire partie de la Compagnie des Guides dits de Chamonix.

Art. 3. — Nul ne peut être admis Guide s'il a moins de vingt-trois ans et plus de quarante ans.

Les Guides cesseront leur service à l'âge de cinquante-cinq ans accomplis ; néanmoins, ils pourront le continuer jusqu'à soixante ans inclusivement si, par la production d'un certificat délivré par un médecin désigné par le Sous-Préfet, et d'une délibération du Conseil d'administration dûment approuvée par le même fonctionnaire, ils justifient d'une aptitude physique exceptionnelle.

Art. 4. — Tout candidat aux fonctions de Guide devra se faire inscrire au bureau du Guide-Chef sur un registre à ce destiné. Cette inscription qui donnera lieu au versement d'une somme de *cinq francs* au profit de la Caisse des

Guides sera opérée du 1er au 30 juin de chaque année. Elle relatera les nom, prénoms, date et lieu de naissance du candidat. Celui-ci se mettra, dès le jour de son inscription, à la disposition du Guide-Chef pour accompagner, à titre de volontaire, les Guides et les touristes dans les courses extraordinaires et ordinaires fixées pour les premières à 10, et dont une au sommet du Mont-Blanc, et pour les deuxièmes à 15. Au retour de chaque course, le Guide ou les Guides conducteurs de l'expédition déclareront au Guide-Chef de quelle façon le candidat a accompli la course; leur déclaration sera immédiatement et textuellement consignée sur le registre d'inscription à côté ou au-dessous du nom du candidat, et ils la signeront.

Tout Guide qui serait convaincu d'avoir attesté faussement que le candidat a fait en sa compagnie telle ou telle course déterminée, sera rayé du tableau des Guides.

Le candidat devra justifier qu'il sait lire et écrire et qu'il possède une bonne instruction primaire.

Il sera interrogé sur les éléments pratiques des langues étrangères qu'il déclarera avoir étudiées; il sera interrogé sur les différentes localités de la vallée de Chamonix, ses environs et les curiosités qui méritent l'attention. Il justifiera qu'il s'est soumis aux obligations de la loi du recrutement et qu'il exerce une profession.

Il devra être d'une moralité notoire, attestée par des certificats récents du Juge de paix et du Maire, ainsi que par la production d'un extrait de son casier judiciaire.

Les pièces ci-dessus, dûment légalisées, seront envoyées à M. le Sous-Préfet de Bonneville du 1er au 15 avril de chaque année au plus tard.

Art. 5. — Les examens auront lieu du 1er au 10 mai devant une Commission composée :

1° Du Sous-Préfet ou de son délégué, président ;

2° Du Juge de paix ;

3° Du Maire de Chamonix ;

4° Du Guide-Chef;

5° Du Président du Conseil d'administration des Guides;

6° De deux membres du Club-Alpin français désignés par le Sous-Préfet de Bonneville, lequel s'entendra dans ce but avec la Direction centrale de ce Club ;

7° D'un ou de deux Maîtres de langues, s'il y a lieu, au choix du Sous-Préfet ;

8° De l'Instituteur communal.

La Commission sera assistée d'un médecin désigné chaque année par M. le Sous-Préfet.

Art. 6. — Pour être admis, le candidat devra réunir les deux tiers des voix au moins. Il devra de plus justifier que, conformément à l'art. 4, 1er alinéa, il a accompli, comme volontaire, des courses extraordinaires et ordinaires, fixées les premières au nombre de 10, dont une au sommet du *Mont-Blanc*, et les secondes au nombre de 15.

Le guide sera commissionné par le Sous-Préfet.

Art. 7. — Nul ne pourra se présenter plus de trois fois aux examens.

Art. 8. — L'état du personnel sera imprimé chaque année et affiché à la Mairie, dans le bureau du Guide-Chef, ainsi que dans les hôtels. En regard du nom de chaque Guide, on indiquera succintement les connaissances spéciales en minéralogie, en botanique, en langues étrangères, ses courses les plus remarquables ainsi que ses titres et décorations.

Du Conseil d'Administration.

Art. 9. — Le Conseil d'administration sera composé de neuf membres, dont un président, choisi dans la Société, indépendamment du Guide-Chef qui en fait partie de droit et y a voix consultative.

Ces neuf membres doivent être renouvelés tous les deux ans par la Compagnie, à la pluralité des voix, dans la deuxième quinzaine de mars.

Le Préfet et le Sous-Préfet peuvent présider le Conseil. Ils ont alors voix délibérative.

Le Conseil d'administration délibère sur toutes les questions intéressant la Compagnie : les comptes et budgets sont dressés, vérifiés et contrôlés par le Conseil d'administration et approuvés par le Sous-Préfet.

Le Conseil délibère, de concert avec le Guide-Chef, lorsqu'il ne s'agit pas des peines dont l'application est réservée à ce dernier, et prend toutes les délibérations qui touchent aux intérêts et à l'ordre de la Compagnie, sauf ratification de ces délibérations par l'autorité administrative compétente.

Service du Guide-Chef et du Sous-Guide-Chef

Art. 10. — Le service des Guides est dirigé par un Guide-Chef, nommé, pour deux ans, par le Préfet, sur la proposition du Sous-Préfet.

Le Guide-Chef est placé sous l'autorité du Sous-Préfet.

Art. 11. — Le Guide-Chef sera aidé et suppléé au besoin par un Sous-Guide-Chef, nommé également par le Préfet.

Ils prêteront l'un et l'autre, devant le Juge de paix du canton, le serment de remplir avec dévouement, honneur et probité les obligations de leur emploi. Ils ne pourront être suspendus ou révoqués que par le Préfet.

Art. 12. — Les Guide-Chef et Sous-Guide-Chef jouiront d'un traitement qui sera déterminé par le Conseil ou bureau d'administration. Ce traitement ne pourra, toutefois, être inférieur à 600 francs et supérieur à 900 francs pour le premier, à 200 et à 500 francs pour le second.

Art. 13. — Le Guide-Chef et le Sous-Guide-Chef auront leur résidence au chef-lieu de la commune pendant la saison des voyages, c'est-à-dire du 15 avril au 1er novembre. Néanmoins, le Sous-Guide-Chef ne sera tenu à cette résidence qu'à partir de l'époque déterminée par le Conseil d'administration et le Guide-Chef.

Art. 14. — Le Guide-Chef est chargé de procurer aux étrangers les Guides dont ils ont besoin, de les renseigner sur ce qui concerne les lieux visités, d'organiser les expéditions et de veiller à l'exacte observation du règlement.

Art. 15. — Le Guide-Chef sera pourvu, aux frais de la Compagnie et par les soins du Conseil d'administration, d'un bureau convenable.

A l'entrée et à la sortie de chaque Guide-Chef, il sera procédé au récolement du mobilier de ce bureau dont le Guide-Chef reste responsable.

Art. 16. — Le Guide-Chef devra s'informer auprès des voyageurs, de la conduite des Guides qui les auront accompagnés : il tiendra note des plaintes portées contre chaque Guide.

Il prononce ensuite les peines disciplinaires, conformément aux prescriptions de l'art. 57. — Les procès-verbaux constatant des contraventions qui seront de la compétence du Juge de paix, seront adressés à ce magistrat par les soins du Guide-Chef. Celui-ci donnera, à titre de renseignement, au Président du Conseil d'administration, avis de la condamnation qui sera prononcée.

Art. 17. — Le Guide-Chef se fera rendre compte, par les Guides, des circonstances de leurs expéditions. Il tiendra note des constatations qui pourraient offrir de l'intérêt.

Art. 18.— Les procès-verbaux concernant les contraventions au règlement des Guides, seront faits par les gendarmes sur la déclaration même du Guide-Chef qui avisera non-seulement les Guides contrevenants, mais toutes autres personnes étrangères à la compagnie que ces procès-verbaux pourraient concerner.

Art. 19. — Pour la régularité de son service, le Guide-Chef devra tenir à jour, proprement et sans retard, les livres dont suit l'énumération :

1° Le rôle des Guides arrêté après chaque

admission sur le vu de la Commission ou du brevet délivré par le Sous-Préfet;

2° Le registre des courses indiquant le jour ou la course a commencé, les nom, prénoms, patrie des voyageurs et des Guides qui les auront accompagnés;

3° Le registre destiné à recevoir les plaintes des voyageurs contre les Guides;

4° Le registre du mouvement des Guides;

5° Le rôle des Porteurs et registre de leur mouvement;

6° Le rôle des mulets et registre de leur mouvement;

7° Le registre des recettes et des cotisations;

8° Le registre des punitions des Guides;

9° Le registre destiné à recevoir les déclarations des Guides et des voyageurs concernant un intérêt scientifique ou de curiosité;

10° Le registre des ascensions au *Mont-Blanc* avec les mêmes indications qu'au registre mentionné au n° 2 du présent article.

Les registres déjà existants pour cette expédition devront être complétés dans le plus bref délai. Le Guide-Chef provoquera, à cet effet, les témoignages et déclarations des plus anciens Guides et de toutes autres personnes en mesure de fournir des indications utiles.

Tous les registres mentionnés dans le présent article seront cotés et paraphés par le Président du Conseil d'administration.

Art. 20. — En cas d'absence ou de maladie du Guide-Chef ou du Sous-Guide-Chef, le Président du Conseil d'administration pourvoira immédiatement à l'intérim et en donnera avis au Sous-Préfet.

Le Guide ou les Guides désignés provisoirement pour remplacer le Guide-Chef ou le Sous-Guide-Chef, révoqués, suspendus, malades ou empêchés, recevront le traitement attribué à l'emploi par le Conseil d'administration.

Service des Guides.

Art. 21. — Chaque Guide fait son service à tour de rôle. Néanmoins la liberté du choix est acquise aux voyageurs :

1° Qui veulent entreprendre les courses extraordinaires et dangereuses ;

2° Qui désirent se livrer à des recherches scientifiques ;

3° Qui, ne connaissant pas la langue française, désireraient un Guide qui parlât la leur ;

4° Qui justifieraient avoir déjà été accompagnés par le Guide qu'ils réclament ;

5° Aux dames qui veulent faire seules des courses ;

6° Aux membres d'un Club-Alpin.

Les Guides choisis hors tour ont la faculté de refuser. Lorsqu'ils acceptent, ils sont tenus de faire immédiatement au Guide-Chef la déclaration de la course à effectuer, avec l'indication du nom des voyageurs, etc., conformément au § 2 de l'art. 19.

Tout voyage en voiture à Martigny pour conduire des voyageurs sera considéré comme tour de guide.

Art. 22. — Le Guide choisi hors tour perd son tour de rôle autant de fois qu'il prendra de tours de préférence, et ne sera jamais admis à prendre un deuxième tour en préférence, soit deux tours en préférence de suite, sans que son tour de rôle lui ait été retenu.

Art. 23. — L'initiative du choix de ses Guides appartient exclusivement au voyageur.

Tout Guide qui l'aurait provoqué, soit directement, soit à l'aide de personnes interposées, sera privé de deux tours de rôle la première fois, de trois la seconde et rayé des contrôles à la troisième contravention.

Il est en outre défendu, sous peine de révocation, au Guide frappé de suspension, d'accepter, pendant la durée de sa peine, aucun service, soit ordinaire soit extraordinaire.

Dans tous les cas prévus par le présent article, le prix de la course sera retenu en entier au Guide et versé à la Caisse de la Compagnie.

Art. 24.—Il est interdit, sous telles peines que de droit, à toute personne interposée, telles que maîtres d'hôtels, sommeillers, cochers, domestiques, marchands, boutiquiers, cabaretiers, et même Guide, de désigner des Guides au choix des voyageurs.

Il est interdit, pareillement, aux Guides de conduire des voyageurs dans des hôtels autres que ceux indiqués par ces derniers eux-mêmes.

Toute contravention au présent article sera constatée par procès-verbal et déférée à la juridiction compétente.

Art. 25. — Le Guide qui, désigné pour une course, se présenterait en état d'ivresse ou qui s'enivrerait en route, perdra, la première fois, deux tours de rôle ; la seconde fois, il sera rayé des contrôles.

Tout Guide qui, désigné pour une course, négligerait ou refuserait de la faire sans raison valable, telle que maladie ou tout autre empêchement réel, sera privé de deux tours de rôle à la première contravention et suspendu pour toute la saison à la seconde. Si, l'année suivante, il commet la même contravention, il sera rayé du rôle des Guides.

Il est interdit aux Guides de fumer s'ils n'en ont obtenu la permission des voyageurs. — Les contrevenants perdront un tour de rôle.

Art. 26. — Le Guide qui, excepté en cas d'orage, s'égarerait dans sa route, sera rayé des contrôles. Il ne pourra être admis de nouveau qu'après avoir subi les examens prescrits par le présent arrêté.

A leur retour de toute expédition, les Guides devront en rendre compte au Guide-Chef. Si dans une expédition un voyageur vient à être tué ou blessé, le Guide qui, par imprudence ou manque de précaution, aura occasionné cet accident, sera rayé des contrôles, sans préjudice des peines et réparations civiles prévues par la loi. Sera pareillement rayé tout Guide qui n'aura pas rendu compte d'un accident de cette nature, même arrivé sans sa faute.

Art. 27. — Sauf le cas de force majeure, le Guide ou porteur pris au tour de rôle ou par préférence devra continuer jusqu'au bout la course entreprise, et il ne pourra se faire remplacer en route. L'infraction à cette disposition sera passible d'une amende de 5 à 20 fr. En tout cas, la part du prix afférente à la partie de course effectuée lui sera retenue et versée à la Caisse de la Compagnie.

Lorsqu'un Guide aura commencé son tour, et que, par suite d'inconduite, il ne pourra continuer, celui qui le remplacera aura droit au prix des courses que le premier aura faites, quel qu'en soit le nombre.

Art. 28. — Tout Guide ou Porteur qui, à son retour de Martigny, offrira ses services à des voyageurs afin d'être par eux réclamé en préférence, ne sera pas admis et subira les privations de tours désignées à l'art. 23.

Art. 29. — Il sera délivré, chaque année, aux Guides en exercices, une carte constatant l'inscription sur les contrôles de la Compagnie. Le Guide devra produire cette carte à toute demande du voyageur et la présenter à toute réquisition de l'autorité.

Art. 30. — Tout guide, pour entreprendre une course quelle qu'elle soit, devra être réclamé au bureau du Guide-Chef.

Art. 31. — Les guides qui auront accompagné des voyageurs venant de Martigny, ne pourront les y ramener qu'autant qu'ils auront été déclarés au bureau du Guide-Chef, par les voyageurs eux-mêmes.

Régime des courses.

Art. 32. — On distingue deux espèces de courses, les courses extraordinaires et les courses ordinaires.

Parmi les premières sont rangées les excursions :

1° Sur la cime du *Mont-Blanc*, ainsi que sur toutes les hauteurs principales de la chaîne ;

2° Sur tous les grands cols au-dessus de 3,300 mètres ;

3° Sur les glaciers, excepté sur ceux qui descendent dans la vallée de Chamonix; toutefois, les courses sur ces derniers glaciers sont considérées comme extraordinaires, lorsqu'on dépasse la limite de la végétation;

4° Sur les glaciers de la vallée de *Montjoie;*

5° Et toutes les courses que les voyageurs voudraient faire dans les Alpes suisses et italiennes.

Toutes les autres courses sont comprises dans la catégorie des courses ordinaires.

Art. 33. — Pour l'ascension au *Mont-Blanc* et pour un voyageur le Guide-Chef fournira trois Guides au moins ou deux Guides et un Porteur; pour deux voyageurs, quatre Guides ou bien trois Guides et deux Porteurs, en augmentant d'un Guide par chaque voyageur en sus.

Pour les courses aux grands cols, soit ceux du *Tour, d'Argentières, Triolet, Pierre-Joseph, Géant, Miage, Trélatête* et *Tondu*, le Guide-Chef fournira, pour un voyageur, deux Guides; pour deux voyageurs, trois Guides ou deux Guides et un Porteur; au-dessus de deux voyageurs, un nombre de Guides égal à celui des voyageurs.

Pour les courses de sommets ou aiguilles, le nombre de Guides sera le même que pour les grands cols.

Pour la course des Grands-Mulets, il sera fourni, indépendamment des Porteurs, deux Guides au moins, s'il y a plus de deux voyageurs, et trois s'il y en a plus de quatre.

Pour la course du Jardin, il sera fourni deux Guides s'il y a plus de trois voyageurs.

Pour les autres courses ordinaires, un seul

Guide suffira, quel que soit le nombre des voyageurs.

Art. 34 — Il est loisible à tout voyageur de prendre pour les courses sus-désignées un nombre moindre de Guides ou de Porteurs, mais cela sous sa responsabilité. Toutefois, si la course avec un nombre moindre de Guides et de Porteurs offre des dangers, il sera permis au Guide-Chef et aux Guides de s'y refuser.

Art. 35. — Aucun Guide, lorsqu'il aura commencé une course, à tour de rôle ou de préférence, ne pourra se faire remplacer par un autre Guide, sous peine de perdre un tour de rôle. — Toutefois, pour des raisons laissées à l'appréciation du Guide-Chef, les Guides pourront échanger leur tour de rôle.

Tout Guide désigné par le tour de rôle, qui se fera renvoyer dans le but d'avoir un tour plus lucratif perdra son tour, sans rétribution, la course fut-elle même commencée.

Tout Guide revenant de Martigny ne peut reprendre son tour de rôle, qu'après un temps égal à celui fixé pour cette course, sous peine de la perte d'un tour de rôle.

Tout Guide qui, à son tour de rôle, refuserait de faire une course (les courses extraordinaires mentionnées plus haut exceptées) ou qui n'arriverait pas à l'heure indiquée, perdra son tour de rôle.

Art. 36. — Perdra également son tour de rôle tout Guide qui ne sera pas proprement et décemment vêtu, lorsqu'il se présentera pour faire une course.

Art. 37. — Les courses ordinaires seront sensées accomplies en totalité lorsque la moitié du trajet aura été effectuée et que le voyageur aura lui-même jugé à propos de ne pas aller plus loin ; au-dessous de la moitié, il sera dû les deux tiers du prix, et la course comptera pour tour de rôle. Dans l'ascension du *Mont-Blanc*, si le mauvais temps, l'épuisement des forces des voyageurs ou tout autre obstacle insurmontable oblige les Guides à rétrograder, les prix sont établis pour ce cas dans le tarif.

Pour les courses mentionnées à l'art. 33, il ne sera dû que la moitié du prix, si l'expédition n'atteint pas la moitié du trajet.

Art. 38. — Le prix de chaque course est débattu de gré à gré entre les voyageurs et les Guides ; à défaut de conventions, on suivra le tarif annexé au présent arrêté, sans que les Guides puissent, en aucun cas, exiger davantage.

Art. 39. — Le prix de la course pour les Guides, comme pour les mulets, sera payé entre les mains du Guide le premier inscrit ; répartition en sera faite à qui de droit immédiatement; et, en cas d'empêchement, la somme sera déposée sans retard au bureau du Guide-Chef où les ayants-droit iront réclamer leur part.

Art. 40. — Tout Guide, après avoir utilement passé son examen, devra verser deux cents francs à la Caisse de la Compagnie comme mise de fonds, avant de prendre son premier tour de rôle.

Tout Porteur est astreint à un droit d'entrée fixé à trois francs par saison et recouvré par les soins du trésorier.

Il sera prélevé, au profit de la Caisse de la Compagnie, sur tout Guide ou Porteur, savoir : sur le prix des courses ordidaires, *cinq pour cent*; sur le prix des courses extraordinaires, *quinze pour cent*.

Tout Guide ou Porteur qui n'aura pas immédiatement après son retour, fait la déclaration de la course pour laquelle il aura été engagé, ou bien qui l'aura faite incomplète ou inexacte, payera le double de la taxe ci-dessus.

Le Guide-Chef dressera à chaque saison le rôle des taxes, lequel sera arrêté par le Conseil d'administration, transmis au Sous-Préfet, pour être par lui rendu exécutoire, et mis en recouvrement par le Trésorier de la Compagnie.

Art. 41. — La mise de fonds dont il est fait mention à l'article précédent ne sera restituée qu'en cas d'infirmités constatées par un médecin nommé par le Sous-Préfet et qui rendraient le Guide complètement inapte au service, ou lorsque le Guide aura atteint la limite d'âge.

Le Guide rayé perd ses droits au recouvrement de sa mise de fonds, qui reste acquise à la caisse des Guides, si la radiation provient d'inconduite ou d'indiscipline.

Service des Porteurs.

Art. 42. — Les Guides ne sont pas astreints, en principe, au service de Porteurs de fauteuils et chaises.

Les Porteurs, en nombre illimité, sont choisis par une commission composée du Maire, du Guide-Chef et du Conseil d'administration, sur une liste ouverte, du 1er au 15 avril, au bureau du Guide-Chef.

Les Porteurs font leur service à tour de rôle, dans les mêmes conditions que les Guides ; ils ne sont pas employés seulement pour le transport des fauteuils ou chaises mais encore pour celui des bagages et autres effets. Néanmoins, lorsque les bagages ne dépassent pas le poids de 12 kilog. pour les courses ordinaires, et de 7 kilog. pour les courses extraordinaires, ils sont portés par les Guides ou à leurs frais.

Les Porteurs ou Guides-Porteurs qui auraient dissuadé un voyageur d'achever sa course dans le but de s'éviter des fatigues, perdront deux tours de rôle la première fois et seront rayés des contrôles à la deuxième.

Les fauteuils ou chaises qui seront demandés par les voyageurs devront être solides, en bon état, et munis de coussins commodes, le tout aux frais des Porteurs. Ces meubles seront sous la surveillance directe du Guide-Chef et des membres du Conseil d'administration.

Service des montures.

Art. 43. — Le Guide-Chef est tenu de fournir aux voyageurs le nombre de montures ou mulets qui lui sera demandé.

Tout propriétaire de mulets ou montures qui négligerait ou refuserait de fournir sa monture à son tour de rôle, sans justifier de raison valable, sera privé, à la première contravention, de deux tours de rôle, et à la deuxième son mulet ou monture sera rayé du rôle des montures.

Les Guides ne pouvant, dans les passages difficiles, diriger avec sécurité qu'un nombre restreint de mulets, une compagnie de voyageurs ayant plus de quatre mulets devra avoir deux Guides. Si ce sont des dames, il ne pourra pas y avoir moins de deux Guides pour trois mulets et trois Guides pour cinq mulets.

Art. 44. — Il est défendu aux Guides, sous peine de privation d'un tour de rôle, et sans préjudice des peines prononcées par la loi, de maltraiter les mulets confiés à leurs soins.

Art. 45. — Les Guides qui, à leur retour de Martigny, ne rendront pas à destination les mulets qui leur sont confiés, à l'heure ordinaire, soit à 6 heures du soir depuis le commencement de la saison jusqu'au 15 août, et à 7 heures à partir de cette époque jusqu'à la fin de la saison, seront privés d'un tour de rôle la première fois; de deux, la seconde fois et rayés des contrôles à la troisième contravention.

Art. 46. — Lorsque des mulets auront été au service de voyageurs et que ceux-ci séjourneront à Chamonix un ou plusieurs jours sans faire de courses, ces mêmes mulets pourront reprendre leur tour après un jour d'inactivité.

Art. 47. — Le Guide-Chef devra inscrire au rôle les montures ou mulets reconnus aptes au service.

Chaque monture devra être munie d'une selle pour homme et d'une selle pour femme, des harnais, bâts, courroies et autres objets nécessaires, le tout en bon état.

Art. 48. — Tout chef de ménage ayant son domicile réel à Chamonix pourra faire inscrire une monture seulement, à la condition expresse d'en être le propriétaire.

Quiconque sera convaincu d'avoir fait inscrire au rôle une monture ne lui appartenant pas, ou d'avoir déclaré cette monture au nom d'un individu ne la gardant pas chez lui, sera privé du bénéfice de l'inscription et l'animal sera immédiatement rayé du rôle.

Art. 49. — Les mulets et montures serviront à tour de rôle, en commençant par les premiers inscrits.

Toute bête de somme employée aux voitures, pendant la saison des voyageurs, est exclue du service de la selle.

Art. 50. — L'inscription donnera lieu à un droit de *quatre francs* par tête d'animal, qui sera recouvré par le Trésorier et servira à acquitter les frais de visite et d'inscription; le surplus sera acquis à la Caisse de la Compagnie des Guides.

Chaque monture portera au sabot son numéro d'ordre et sera numérotée aux frais de la Compagnie.

Art. 51. — Le mulet qui ne sera pas arrivé à l'heure indiquée ou qui ne sera pas convenablement harnaché, perdra son tour de rôle.

Art. 52. — Le prix de la course du mulet sera payé entre les mains du Guide qui l'aura dirigé.

Le Guide dépositaire devra solder immédiatement le propriétaire du mulet, sous peine d'être privé de ses tours de rôle jusqu'à parfait payement.

Art. 53. — Dans la première quinzaine de mai de chaque année, le Maire, le Président du Conseil d'administration et le Guide-Chef, assistés d'un vétérinaire et d'un sellier désignés par le Conseil d'administration, feront, au chef-lieu de Chamonix, la revue des mulets et de leurs harnais.

Les montures reconnues impropres au service seront réformées; annotation en sera faite au rôle.

Les honoraires des experts seront acquittés sur les recettes prévues à l'art 50.

Si, pendant la saison des courses; une monture était signalée comme vicieuse ou autrement impropre au service, il serait procédé à une expertise spéciale et la réforme serait, s'il y avait lieu, prononcée.

Art. 54. — Quiconque fournira à un voyageur, pour une des courses réservées à l'action des Guides, une monture qui ne serait pas inscrite au rôle, ou qui serait inscrite en dehors de son tour de rôle, sera passible de telles peines que de droit.

Si le contrevenant est Guide, il perdra, en outre, deux tours de rôle la première fois; trois la deuxième, et sera rayé des contrôles à la troisième.

La même peine sera appliquée au propriétaire du mulet c'est-à-dire que son mulet perdra le même nombre de tours de rôle et qu'il sera rayé à la troisième contravention.

Art. 55. — Tout Guide qui aura maltraité ou laissé stationner le long des routes, devant les auberges, ou ailleurs, les montures à lui confiées, au lieu de les restituer de suite à leurs propriétaires, sera passible, la première fois, de la perte d'un tour de rôle, et pour les autres fois de la peine qui sera infligée par le Guide-Chef ou le Sous-Préfet.

Service des jeunes gens dits Retourneurs.

Art. 56. — Il est interdit à tout jeune homme chargé de retourner les montures, d'exercer cet emploi avant l'âge de 14 ans. Il est défendu aux retourneurs de maltraiter les bêtes, de les presser dans les courses, sous peine, la première fois, de perdre la moitié de leur salaire, la seconde, la totalité, et la troisième, d'être exclus de leurs fonctions; les dégâts occasionnés par leur faute seront réparés à leurs frais.

Les Guides de Chamonix qui emploieraient, comme Retourneurs, des enfants âgés de moins de 14 ans, seront passibles, pour la première fois, de la perte d'un tour de rôle, et pour la deuxième fois, de la perte de deux tours de rôle.

Il est expressément défendu aux personnes du sexe féminin de remplir ces fonctions.

Dispositions générales.

Art. 57. — Les Guides, les Porteurs, les mulets, sont sous la direction immédiate du Guide-Chef. Il prononce les peines disciplinaires jusqu'à concurrence de la privation de deux tours de rôle, sauf appel au Sous-Préfet.

Art. 58. — La privation de trois tours de rôle, ainsi que la radiation des contrôles ne peuvent être prononcées que par le Sous-Préfet.

La radiation seule peut donner lieu à l'appel au Préfet.

Les appels ne sont pas suspensifs.

Art. 59. — Le Guide-Chef reste complètement étranger aux questions d'administration.

Ses fonctions sont incompatibles avec celle de Président ou même de simple membre du bureau ou Conseil d'administration.

Art. 60. — Les voyageurs désirant faire une course devront s'adresser au bureau du Guide-Chef une demi-heure avant le départ.

Art. 61. — Chaque Guide sera pourvu, aux frais de la Compagnie, d'un exemplaire du présent arrêté, qui sera en outre affiché et publié par les soins de l'administration.

Art. 62. — Quiconque n'a pas été reçu Guide dans les conditions déterminées par le présent arrêté ne peut en exercer l'office dans la vallée de Chamonix et autres lieux circonvoisins.

Néanmoins, les voyageurs arrivant à Chamonix des autres départements français ou des pays étrangers, avec des Guides de leur choix, exceptés ceux de Martigny, Vernayaz-Salvants et Fins-Hauts, pourront les conserver, sauf à ceux-ci à s'adjoindre à Chamonix, le nombre de Guides réglementaire pour les courses réputées dangereuses.

La même faculté est réservée aux voyageurs venant accompagnés de Guides d'une localité située dans le département, pourvu que les Guides justifient avoir été commissionnés par le Sous-Préfet.

Les Guides de Chamonix doivent jouir des mêmes droits pour les courses étrangères à la vallée de Chamonix.

Art. 63. — Le passage dit de *l'accident de 1820*, soit celui situé entre les *Grands Rochers Rouges* et les *Petits-Mulets*, est absolument interdit aux Guides ; les contrevenants seront immédiatement rayés des rôles de la société, sans avoir droit au remboursement de leur mise de fonds.

Art. 64. — Il est interdit à tout étranger à la Compagnie, qu'il soit du pays ou non, de s'immiscer dans les affaires de cette Compagnie, soit de se mêler aux questions de réglementation, de direction, d'administration ou de finances, sous telles peines que de droit.

Art. 65. — MM. les Sous-Préfets, Maires, Commandant de Gendarmerie et Guide-Chef sont chargés d'assurer, chacun en ce qui le concerne, l'exécution du présent arrêté, qui sera inséré au *Recueil* de nos actes administratifs et qui sera applicable à toutes les communes du département où il existe des Compagnies de Guides.

Fait à Annecy, le 4 juillet 1879.

Le Préfet de la Haute-Savoie,
H. Rousseau.

N. B. — Premier arrêté du 20 septembre 1877; arrêtés modificatifs des 25 mai et 4 juillet 1879.

TARIF DES COURSES

La course au glacier des Bossons, soit que le voyageur reviennent par le même chemin, ou par les cascades du Dard et des Pèlerins.	Fr. 6	»
Visite des mêmes cascades seules	6	»
Promenades à la source de l'Aveyron	6	»
Chacune de ces courses cumulée à une autre dans la même journée	4	»
La course du Montanvers, descente sur le glacier et retour par le même chemin	6	»
La course de la Croix de Flégère avec retour à la source de l'Aveyron	6	»
La course à Plampraz	6	»
La même avec retour par la Croix de Flégère et vice-versâ.	9	»
La course du Brévent par Plampraz	8	»
La même par la Croix de Flégère et descente par Plampraz et vice-versâ	10	»
La course du Montanvers, traversée de la mer de glace et du Chapeau, pour aller à la Croix de Flégère et vice-versà en un jour	12	»
La même avec l'ascension du Brévent	14	»
La course de la Flégère et le sommet de l'aiguille de la Floria	20	»

	Fr.	
La même et le sommet de l'aiguille de la Glière	15	»
La course soit au Montanvers ou à la Flégère avec la promenade au glacier des Bossons, ou aux cascades, dans la même journée.	10	»
La course du Plan de l'Aiguille, vue du glacier des Bossons, des Grands-Mulets et des aiguilles de Chamonix.	8	»
La même avec retour soit par le Montanvers soit par la Pierre à l'Echelle.	10	»
La course de la Pierre à l'Echelle au Montanvers par le Plan de l'Aignile et vice-versà	12	»
La course à la Pierre-Pointue.	8	»
La même sur l'aiguille de la Tour ou de la Pierre à l'Echelle	9	»
La course au glacier des Bossons, cumulée à celle de Pierre-Pointue, dans la même journée	3	»
La course du Jardin avec faculté pour le voyageur de revenir par le Chapeau.	12	»
Si l'on couche la veille au Montanvers.	15	»
La course pour visiter le commencement des seracs du col des Géants.	10	»
La course aux Moulins de la Mer de Glace ou au Tacul	8	»
La course du Montanvers avec traversée de la mer de Glace, soit que le voyageur revienne par le même chemin ou non	9	»
La course au Plan de l'Aiguille avec celle de la Pierre-Pointue, et vice-versà, en un jour	10	»
La course du Montanvers avec celle		

de la Flégère ou de Plampraz et vice-versà, en un jour Fr. 10 »

La course du Chapeau avec celle de la Flégère ou de Plampraz en un jour et vice-versà. 10 »

La course au village d'Argentière et visite au glacier et à Tréléchent 6 »

La course à la mer de Glace du glacier d'Argentière. 8 »

La course au fond du glacier d'Argentière, en un jour. 12 »

La même en deux jours 18 »

La course au col de Balme et retour 7 »

La même et retour par la Tête-Noire et vice-versà, en un jour 9 »

La même en deux jours. 12 »

La course au col de Balme, descente sur Barbérine, visite aux cascades de Barbérine et de Bérard en un jour 9 »

La même en deux jours 12 »

La course du Buet par la Pierre à Bérard en un jour 15 »

La même en deux jours avec retour facultatif par Villy et le Brévent 20 »

La course du Buet avec descente sur Sixt en un jour 15 »

La même en deux jours 20 »

Retour du Guide à Chamonix en plus 8 »

La course du Buet, descente sur Martigny, retour du Guide compris (de deux ou trois jours) 26 »

Chaque journée du Guide en plus 6 »

La course à Martigny, en un jour, soit par le col de Balme, soit par la Tête-Noire, retour du Guide compris 12 »

La même en visitant les cascades de Bérard ou de Barbérine, chacune en plus 1 »

La course à Verneyaz par Fins-Haut et Salvants et retour du Guide compris 12 »

La même en allant à Martigny 14 »

La même en deux jours, arrivée à Martigny ou à Verneyaz, avant midi, retour du Guide compris 15 »

La même avec arrivée à Martigny ou à Verneyaz, après-midi 18 »

La course soit à la cascade de Bérard, soit à celle de Barbérine, en un jour 6 »

La même au deux cascades 7 »

La course à la Tête-Noire par les Montets et retour en un jour 8 »

La même en deux jours 12 »

La course par le col de Balme et la Tête-Noire à Martigny, retour du Guide compris 15 »

La course à Martigny en passant par la Flégère ou par le Montanvers en un jour 16 »

La même en deux jours 20 »

La course au col de Balme descente à la Tête-Noire pour aller à Verneyaz en passant par Fins-Haut et Salvant, en un jour 15 »

La même en deux jours, arrivée avant midi à Verneyaz 18 »

Après-midi 23 »

La course à Sixt par le Brévent, le col d'Anterne ou celui de Lechaud, retour du Guide compris 18 »

La même en couchant à Plampraz ou à Villy 22 «

La même en passant à Servoz Fr. 18 »

La même par le Dérochoir ou par Platey, retour du Guide compris, en un jour 18 »

La même en couchant à Servoz ou à Chède 20 »

La course de Sixt par le col de Tenneverges en couchant à Barbérine, retour du Guide compris 25 »

Les courses dans la vallée de Sixt et ses environs seront réglées d'après le tarif de la compagnie des Guides de Sixt

La course au Pavillon de Bellevue, le col de Voza ou le Prarion en un jour 7 »

La même avec retour par Saint-Gervais et Servoz ou le col de la Forclaz, en un jour 9 »

En deux jours 12 »

La course du Mont-Joli par Saint-Gervais ou par Contamines, retour du Guide compris, en deux jours 15 »

En trois jours 18 »

La course à Courmayeur par le pavillon de Bellevue ou de Saint-Gervais, les cols du Bonhomme, des Fours et de la Seigne en deux jours 20 »

En trois jours 24 »

Retours du Guide en plus 18 »

De Courmayeur par le col de Ferrex à Martigny 8 »

Un jour de retour, de Martigny à Chamonix 6 »

La course à Contamines par le col du Tricot, vue des glaciers de Bionnassey et du Miage 15 »

	Fr.	
Les courses dans les vallées de Beaufort, Mégève, Flumet, col des Aravis, lac de Flaine, chaque journée	6	»
La course à Verneyaz, en visitant la Tête-Noire et retour compris, en un jour	14	»
La même en deux jours	18	»
La course au Chapeau	6	»
La même avec la Croix de Flégère	10	»
La course au Montanvers traversée de la mer de glace, descente par le Chapeau	9	»
Promenade à la cascade de Fouilly.	1	50

Courses Extraordinaires

L'ascension du Mont-Blanc, soit par les Grands-Mulets, soit par l'aiguille du Goûter	100	»
Si l'on n'atteint dans le cours de cette ascension que les Grands-Mulets en un jour	20	»
En deux jours	30	»
Si l'on n'atteint que le Grand-Platean	50	»
ou le Dôme du Goûter	60	»
Si l'on n'atteint que le sommet du Corridor ou le sommet des Bosses du Dromadaire	70	»
Passé ce dernier ou si l'on arrive au sommet du mur de la Côte, le prix total de l'ascension est exigible		
Si l'ascension du Mont-Blanc prend plus de trois jours, chaque guide sera payé en plus par jour	10	»
La course de l'aiguille du Goûter par le pavillon de Bellevue	30	»
La course par les Grands-Mulets à l'aigle du Goûter	40	»

La course au Grand-Plateau ou au Dôme, soit par les Grands-Mulets soit par la Cabane de l'aiguille du Goûter, avec séjour dans l'une de ces localités, et vice-versà — Fr. 50 »

La même sans séjour 40 »

La course au Montanvers par le col de l'aiguille du Midi, et par les Grands-Mulets 45 »

La course à Courmayeur par les Grands-Mulets, l'aiguille du Midi et le col du Géant 70 »

La course à Courmayeur par le col du Géant et à Orsières, par les cols du Chardonnet, du Triolet, pour chaque col 50 »

Au col du Géant et retour à Chamonix 40 »

Au col du Chardonnet et retour à Chamonix 30 »

Au même et retour par le col du Tour en passant par la Fenêtre de Salène et vice-versà 40 »

Au col de Triolet et retour à Chamonix 30 »

A Orsières par le col d'Argentière et à l'Allée Blanche par le col de Miage, chaque course 60 »

Au col d'Argentière et retour à Chamonix 30 »

Au col du Miage retour à Chamonix 40 »

Au col de Pierre-Joseph et retour 50 »

A Orsières par le même 60 »

Au col du Tour et descente au Val-Ferret 40 »

Au col du Mont-Tondu, descente au Motets 30 »

Au col de Trélatête, descente à Courmayeur 60 »

Au col de la Brenva, descente à Courmayeur Fr. 80 »

Au col des Grands-Montets et retour par le glacier du Nant-Blanc à Chamonix 20 »

Même course en deux jours 25 »

Même course avec retour par le glacier d'Argentière 30 »

Le prix de chaque grand col sera diminué de 10 francs pour les voyageurs qui, après avoir effectué une ou plusieurs courses aux grands cols susnommés désireraient conserver leur Guide pour faire un voyage.

Pour l'ascension de l'aiguille Verte 100 »

Pour l'ascension des aiguilles Rouges 20 »

Pour l'ascension de l'aiguille d'Argentière 65 »

Pour l'ascension de l'aiguille du Chardonnet 65 »

Pour l'ascension de l'aiguille du Midi 60 »

Pour l'ascension de l'aiguille du Tour 50 »

Pour l'ascension de l'aiguille de Bionnassey 70 »

Pour les grandes Jorasses 80 »

Pour l'ascension du col et de la Tour-Ronde 65 »

Toutes les courses sur les glaciers de la chaîne du Mont-Blanc, au-dessus de la végétation, chaque jour 10 »

TARIF DES PORTEURS

Pour les chaises à porteur le tarif est le même que celui des Guides.

Pour les sacs, malles et autres effets des voyageurs le poids ne pourra dépasser vingt-cinq kilogrammes pour chaque Porteur, et le prix sera le même que pour les courses ordinaires des Guides.

Excepté : pour la course au Jardin, chaque Porteur Fr. 8 »

Si l'on couche au Montanvers 10 »

Pour la course au Buet, en un jour 8 »

Si l'on couche à la Pierre à Bérard ou à Villy 10 »

Courses Extraordinaires

Pour chaque Porteur, dans les courses extraordinaires, le poids des bagages des voyageurs ne dépassera pas 15 kilogrammes et 10 kilogrammes depuis le Grand-Plateau pour atteindre le sommet du Mont-Blanc.

La course des Grands-Mulets en un jour 12 »

En deux jours 15 »

La course au Grand-Plateau par les Grands-Mulets ou au Dôme du Goûter par l'aiguille du Goûter 25 »

Pour atteindre le sommet du Corridor ou les Bosses du Dromadaire 35 »

Au sommet du Mont-Blanc 50 »

Jusqu'à la cabanne de l'aiguille du Goûter par le col de Voza 15 »

La même en deux jours, 20 »

Pour aller jusqu'au sommet du col du Géant et retour à Chamonix 20 »

Pour la course à l'aiguille Verte Fr. 50

Pour la course du col du Géant et descente à Courmayeur, retour compris 30

Pour le passage du col du Tour 25

Pour aller au même col et retour à Chamonix 15

Pour les courses aux autres grands cols qui sont payées aux Guides 50 fr. et au-dessus il sera dû aux Porteurs par chaque col 30

Pour les cols qui sont payés aux Guides moins de 50 fr., chaque Porteur sera payé 25

Sauf :

1° Le col du Mont-Tondu qui sera payé 15

2° Le col des Grands-Montets qui sera payé 15

Pour toutes les courses sur les glaciers de la chaîne du Mont-Blanc, au-dessus de la végétation, chaque jour 8

TARIF

POUR LES JEUNES GENS QUI CONDUISENT LES MULETS D'UN LIEU A UN AUTRE

A chaque jeune homme qui conduit les mulets d'une localité à une autre pour reprendre le voyageur, par jour 2

Pour une simple course 2

TARIF DES MULETS

Le tarif des Guides pour les courses ordinaires est applicables aux mulets.

Sont exceptées les courses ci-après désignées ;

Pour la course du Montanvers, descendre dans la vallée et remonter au Chapeau et vice-versà Fr. 9 »

Pour la course du jardin, le mulet restant tout le jour au Montanvers 7 »

S'il séjourne la nuit au Montanvers 9 »

Pour la course du Buet faite dans la même journée, le mulet restant à la Pierre à Bérard 9 »

En deux jours 12 »

Pour la course au Mont-Blanc, le mulet atteignant le Chalet de la Para 6 »

Pour atteindre la Pierre-Pointue 8 »

S'il reste la journée à Pierre-Pointue 9 »

www.ingramcontent.com/pod-product-compliance
Lightning Source LLC
LaVergne TN
LVHW020311230826
846091LV00006B/2628

* 9 7 8 2 0 1 3 4 4 4 1 8 7 *